BEI GRIN MACHT SICH IHR WISSEN BEZAHLT

- Wir veröffentlichen Ihre Hausarbeit, Bachelor- und Masterarbeit

- Ihr eigenes eBook und Buch - weltweit in allen wichtigen Shops

- Verdienen Sie an jedem Verkauf

Jetzt bei www.GRIN.com hochladen und kostenlos publizieren

Bibliografische Information der Deutschen Nationalbibliothek:

Die Deutsche Bibliothek verzeichnet diese Publikation in der Deutschen Nationalbibliografie; detaillierte bibliografische Daten sind im Internet über http://dnb.dnb.de/ abrufbar.

Dieses Werk sowie alle darin enthaltenen einzelnen Beiträge und Abbildungen sind urheberrechtlich geschützt. Jede Verwertung, die nicht ausdrücklich vom Urheberrechtsschutz zugelassen ist, bedarf der vorherigen Zustimmung des Verlages. Das gilt insbesondere für Vervielfältigungen, Bearbeitungen, Übersetzungen, Mikroverfilmungen, Auswertungen durch Datenbanken und für die Einspeicherung und Verarbeitung in elektronische Systeme. Alle Rechte, auch die des auszugsweisen Nachdrucks, der fotomechanischen Wiedergabe (einschließlich Mikrokopie) sowie der Auswertung durch Datenbanken oder ähnliche Einrichtungen, vorbehalten.

Impressum:

Copyright © 2018 GRIN Verlag
Druck und Bindung: Books on Demand GmbH, Norderstedt Germany
ISBN: 9783668830035

Dieses Buch bei GRIN:

https://www.grin.com/document/447073

Lisa Schmidt

Die Erstellung eines Ausdauer-Trainingsplans in der Trainingslehre II

GRIN Verlag

GRIN - Your knowledge has value

Der GRIN Verlag publiziert seit 1998 wissenschaftliche Arbeiten von Studenten, Hochschullehrern und anderen Akademikern als eBook und gedrucktes Buch. Die Verlagswebsite www.grin.com ist die ideale Plattform zur Veröffentlichung von Hausarbeiten, Abschlussarbeiten, wissenschaftlichen Aufsätzen, Dissertationen und Fachbüchern.

Besuchen Sie uns im Internet:

http://www.grin.com/

http://www.facebook.com/grincom

http://www.twitter.com/grin_com

Deutsche Hochschule für

Prävention und Gesundheitsmanagement

Hermann Neuberger Sportschule 3

66123 Saarbrücken

Einsendeaufgabe

Fachmodul: Trainingslehre II

Studiengang: BFÖ

**Datum
Präsenzphase:** 18.06.-20.06.2018

Name, Vorname: Schmidt, Lisa

Studienort: Stuttgart

Semester: WS 16/17

Inhaltsverzeichnis

1 DIAGNOSE 3

   1.1 Allgemeine und biometrische Daten 3

   1.2 Leistungsdiagnostik/Ausdauertestung 5

   1.3 Gesundheits- und Leistungsstatus der Person 7

2 ZIELSETZUNG/PROGNOSE 8

3 TRAININGSPLANUNG MESOZYKLUS 9

   3.1 Grobplanung Mesozyklus 9

   3.2 Detailplanung Mesozyklus 9

   3.3 Begründung zum Mesozyklus 10

4 LITERATURRECHERCHE 12

5 LITERATURVERZEICHNIS 14

6 ABBILDUNGS- UND TABELLENVERZEICHNIS 15

   6.1 Abbildungsverzeichnis 15

   6.2 Tabellenverzeichnis 15

1 Diagnose

1.1 Allgemeine und biometrische Daten

Tab. 1: Allgemeine und biometrische Daten des Probanden (eigene Darstellung)

Alter in Jahren	21
Geschlecht	Männlich
Körpergröße in cm	174
Gewicht in kg	78
BMI	25,8
Trainingsmotive	- Fettreduzierung - Verbesserung der Ausdauerleistung/ Leistungsfähigkeit beim Fußballspiel - Haltungsverbesserung
Berufliche Tätigkeit	Systemelektroniker (meist sitzende Tätigkeit)
Aktuelle sportliche Aktivitäten	- Fußballtraining 2x pro Woche für je 2h - Fitnessstudio 2x pro Woche für je 2h (Krafttraining)
Frühere sportliche Aktivitäten	Tischtennis 1x pro Woche für 1,5h
Zeitlicher Verfügungsrahmen	3x pro Woche für je 2h
Blutdruck	123/82 mmHg
Ruhepuls	60
Orthopädische Probleme	Schulterschmerzen nach Schlüsselbeinbruch vor 1 Jahr
Internistische Probleme	Keine
Ärztliche Behandlungen	Regelmäßige Nachkontrolle der Schulter/ des Schlüsselbeins
Einnahme von Medikamenten	Asthmaspray bei Bedarf
Sonstige gesundheitliche Einschränkungen	Asthma bronchiale (allergisch)

Klassifikation des Bluthochdrucks nach WHO

Kategorie	Systolische (mmHg)	Diastolisch (mmHg)
Optimal	<120	<80
Normal	<130	<85
Hochnormal	130-139	85-89
Milde Hypertonie	140-159	90-99
Mittlere Hypertonie	160-179	100-109
Schwere Hypertonie	>180	>110
isolierte systolische Hypertonie	>140	<90

Abb. 1: Klassifikation des Blutdrucks nach WHO

Alter	Normaler Ruhepuls
< 1 Jahr	140
Bis 2 Jahre	120
4 Jahre	100
10 Jahre	90
14 Jahre	85
Erwachsener Mann	65-80
Erwachsene Frau	60-75
Schwangere Frau	90-100
Senioren	70-90
Sportler	30-50

Abb. 2: Klassifikation des Ruhepuls nach mein-pulsschlag.de

Alter	BMI
19-24 Jahre	19-24
25-34 Jahre	20-25
35-44 Jahre	21-26
45-54 Jahre	22-27
55-64 Jahre	23-28
>64 Jahre	24-29

Abb. 3: BMI-Klassifikation für Normalgewicht (DGE, Ernährungsbericht, 1992)

Der durch die Riva-Rocci-Methode erfasste Blutdruck des Probanden von 123/82mmHg liegt in Anbetracht der Normwerte der World Health Organization (WHO) im optimalen Bereich, was eine sehr gute Voraussetzung für die Trainierbarkeit und Belastbarkeit des Probanden bietet. Der Ruhepuls des Probanden ist mit 60 Schlägen pro Minuten überdurchschnittlich gut. Mit dem BMI von 25,8 liegt der Proband über dem entsprechenden Normwert. Ergänzend ist der Proband Nicht-Raucher.

1.2 Leistungsdiagnostik/Ausdauertestung

Tab. 2: Testaufbau nach Hollmann & Venrath (modifiziert nach IPN, 2004)

Testgerät	Fahrradergometer
Belastungsart	Submaximale Belastung, Stufentest
Eingangsbelastung	30 Watt
Belastungssteigerung	40 Watt
Stufendauer	3 Minuten
Trittfrequenz	70 Umdrehungen / Minute
Pulsobergrenze nach WHO	180 – Lebensalter = S / min

Tab. 3: Normtabelle für submaximale Radergometertests – relative Watt-Soll-Leistung (Watt/kg) bei Männern (modifiziert nach IPN, 2004)

Alter / Intensität	<30	30-34	35-39	40-44	45-49	50-54	55-59	>60	Bewertung
0,50	1,45	1,38	1,31	1,23	1,16	1,09	1,02	0,94	☺☺
0,51	1,50	1,43	1,35	1,28	1,20	1,13	1,05	0,98	☺☺
0,52	1,55	1,47	1,40	1,32	1,24	1,16	1,09	1,01	☺☺
0,53	1,60	1,52	1,44	1,36	1,28	1,20	1,12	1,04	☺☺
0,54	1,65	1,57	1,49	1,40	1,32	1,24	1,16	1,07	☺☺
0,55	1,70	1,62	1,53	1,45	1,36	1,28	1,19	1,11	☹
0,56	1,75	1,66	1,58	1,49	1,40	1,31	1,23	1,14	☹
0,57	1,80	1,71	1,62	1,53	1,44	1,35	1,26	1,17	☹
0,58	1,85	1,76	1,67	1,57	1,48	1,39	1,30	1,20	☹
0,59	1,90	1,81	1,71	1,62	1,52	1,43	1,33	1,24	☹
0,6	2,00	1,90	1,80	1,70	1,60	1,50	1,40	1,30	Ø
0,61	2,20	2,09	1,98	1,87	1,76	1,65	1,54	1,43	Ø
0,62	2,40	2,28	2,16	2,04	1,92	1,80	1,68	1,56	Ø
0,63	2,60	2,47	2,34	2,21	2,08	1,95	1,82	1,69	☺
0,64	2,80	2,66	2,52	2,38	2,24	2,10	1,96	1,82	☺
0,65	3,00	2,85	2,70	2,55	2,40	2,25	2,10	1,95	☺
0,66	3,20	3,04	2,88	2,72	2,56	2,40	2,24	2,08	☺☺
0,67	3,40	3,23	3,06	2,89	2,72	2,55	2,38	2,21	☺☺
0,68	3,60	3,42	3,24	3,06	2,88	2,70	2,52	2,34	☺☺
0,69	3,80	3,61	3,42	3,23	3,04	2,85	2,66	2,47	☺☺
0,70	4,00	3,80	3,60	3,40	3,20	3,00	2,80	2,60	☺☺

Tab. 4: Belastungsaufbau des Probanden (eigene Darstellung)

Zeit	Watt	Herzfrequenz (Hf)
1 Minute	30	123
4 Minuten	70	138
7 Minuten	110	143
10 Minuten	150	147
13 Minuten	190	151
16 Minuten	230	159
Watt gesamt	230	-
Watt/kg	2,94	-
Bewertung n. Normwerttabelle	0,64	

Der Hollmann & Venrath Testaufbau auf dem Fahrradergometer eignet sich besonders gut für unseren Probanden, da er durchschnittlich bis gut trainiert ist, um eine genauere Leistungsdiagnostik festzustellen. Die Belastungssteigerung erfolgt alle 3 Minuten um eine Belastungssteigerung von je 40 Watt bei einer relativ konstanten Trifffrequenz von 70U/Minute. Die Pulsobergrenze entspricht 159S pro Minute. Anhand des Ergebnisses von einem Puls von 159 Schläge pro Minute bei 230 Watt nach 16 Minuten, kann aus der Normwerttabelle für submaximale Radergometertests ein Wert von 0,64 abgelesen werden. Dieser Wert ist für eine männliche Person im Alter des Probanden überdurchschnittlich gut.

1.3 Gesundheits- und Leistungsstatus der Person

Aufgrund der Tatsache, dass unser Proband ein überdurchschnittlich gutes Ergebnis im Radergometertest erzielt hat, kein Raucher ist, einen überdurchschnittlich niedrigen Ruhepuls hat, sportlich erfahren ist und über fast keine einschränkenden internistischen oder orthopädischen Probleme klagen kann, ist sein Gesundheits- und Leistungsstatus als überdurchschnittlich gut einzuschätzen. Diese Tatsache ist eine wichtige Grundvoraussetzung in Hinblick auf die Belastbarkeit und die Trainierbarkeit in der weiteren Trainingsplanung.

2 Zielsetzung/Prognose

Tab. 5: Zielsetzung des Probanden hinsichtlich Ausmaß und Zeit (eigene Darstellung)

Zielsetzung	Ausmaß und Zeit
Fettreduktion/Gewichtsabnahme	6kg in 4 Monaten
Leistungssteigerung	3,0 Watt/kg in 6 Monaten
Rückenmuskulatur stärken	Subjektiv besseres Empfinden nach Borg-Skala in 3 Monaten

Der Proband möchte sein Körperfettanteil (KFA) in 4 Monaten senken und hierbei 6kg Körperfett abbauen. Dieser Wert ist laut der WHO realistisch, denn die Empfehlung liegt bei 0,5kg KF pro Woche. Laut der Empfehlung wäre es demnach möglich bis zu 8kg reines KF in der gegebenen Zeit zu verlieren, um jedoch Frustration bei kleineren Rückschlägen zu vermeiden wird das Ziel nicht zu hoch definiert. Dem Probanden ist hierbei auch eine Senkung des BMI und des viszeralen Fettgewebes wichtig, da zu hohe Werte in den genannten Bereichen zu koronaren Herzerkrankungen, Diabetes mellitus und weiteren Krankheiten führen könne. Des Weiteren möchte der Proband eine signifikante Leistungssteigerung im Sinne einer Verbesserung der Grundlagenausdauer noch vor Beginn der Fußballsaison erzielen. Hierbei wird angenommen, dass die Leistungsfähigkeit im Radergometertest auf die Leistung im Fußball übertragen werden kann. Da der Proband eine meist sitzende Tätigkeit ausübt, ist ihm eine Verbesserung der Rückenmuskulatur zur Prävention von Rückenschmerzen und einer Haltungsverbesserung wichtig. Hierbei wird von einer subjektiven Verbesserung der Haltung des Probanden durch die Borg-Skala ausgegangen.

3 Trainingsplanung Mesozyklus

3.1 Grobplanung Mesozyklus

Tab. 6: Mesozyklusplanung für den Probanden (eigene Darstellung)

Dauer des Mesozyklus	6 Wochen
Trainingszielsetzung	Weiterentwicklung der Grundlagenausdauer
Wöchentlicher Gesamttrainingsumfang	6h
Trainingsmethode	- Extensive Dauermethode - REKOM
Belastungsintensität (Hf$_{max}$)	60-70% (96-111 Schläge/Minute)
Trainingshäufigkeit pro Woche	3x
Trainingsdauer pro Trainingseinheit	2h
Bewegungsformen	- Laufband - Fahrrad

3.2 Detailplanung Mesozyklus

Tab. 7: detaillierte Mesozyklusplanung für den Probanden (eigene Darstellung)

Woche 1	Montag	Mittwoch	Freitag	Woche 3	Montag	Mittwoch	Freitag
Trainingsziel	Aufbau Grundlagenausdauer (GA1)	GA 1	GA 1	Trainingsziel	GA 2	GA 2	GA 2
Tr.-Methode	Extensive Dauermethode	Extensive Dauermethode	REKOM	Tr.-Methode	Variabel	Extensive Dauermethode	REKOM
Tr.-Intensität	75% = 119 S/Min	75% = 119 S/Min	60% = 95 S/Min	Tr.-Intensität	80% = 127 S/Min	75% = 119 S/Min	65% = 103 S/Min
Tr.-Dauer	60 Min	45 Min	30 Min	Tr.-Dauer	50 Min	45 Min	30 Min
Tr.Gerät	Laufband	Laufband	Fahrrad	Tr.-Gerät	Fahrrad	Fahrrad	Laufband
Woche 2	Montag	Mittwoch	Freitag	Woche 4	Montag	Mittwoch	Freitag

Trainingsziel	GA 1	GA 1	GA 1	Trainingsziel	GA 2	GA 2	GA2
Tr.-Methode	Extensive Dauermethode	Extensive Dauermethode	REKOM	Tr.-Methode	Variabel	Extensive Dauermethode	REKOM
Tr.-Intensität	75% = 119 S/Min	75% = 119 S/Min	60% = 95 S/Min	Tr.-Intensität	80% = 127 S/Min	75% = 119 S/Min	65% = 103 S/Min
Tr.-Dauer	60 Min	45 Min	30 Min	Tr.-Dauer	50 Min	45 Min	30 Min
Tr.-Gerät	Laufband	Laufband	Fahrrad	Tr.-Gerät	Laufband	Laufband	Fahrrad
Woche 5	Montag	Mittwoch	Freitag	Woche 6	Montag	Mittwoch	Freitag
Trainingsziel	GA 1	GA 2	GA 1	Trainingsziel	GA 1	GA 2	GA 1
Tr.-Methode	Extensive Dauermethode	Intensive Dauermethode	REKOM	Tr.-Methode	Extensive Dauermethode	Intensive Dauermethode	REKOM
Tr.-Intensität	75% = 119 S/Min	80% = 127 S/Min	65% = 103 S/Min	Tr.-Intensität	75% = 119 S/Min	80% = 127 S/Min	65% = 103 S/Min
Tr.-Dauer	60 Min	35 Min	30 Min	Tr.-Dauer	60 Min	35 Min	30 Min
Tr.-Gerät	Laufband	Fahrrad	Laufband	TR.-Gerät	Fahrrad	Laufband	Fahrrad

3.3 Begründung zum Mesozyklus

Da wir eine Verbesserung der Grundlagenausdauer erreichen möchten, umfasst der Mesozyklus 6 Wochen. Der Proband äußerte zu Beginn, er habe 3x pro Woche 2h Zeit für Training. Deshalb haben wir die Trainingseinheiten auf drei verschiedene Tage gelegt. Der zeitliche Umfang liegt aus trainingsspezifischen Gründen und damit man den Probanden nicht überlastet deutlich unter den 2h pro Tag. Wir möchten die Grundlagenausdauer basierend auf der bereits vorhandenen Grundlagenausdauer stufenartig verbessern, weshalb wir uns zu Beginn für eine extensive Dauermethode, später auch für variable oder intensive Dauermethoden entschieden haben. Die intensive Dauermethode ist für den Probanden erst nach einer weiteren Stabilisation der Grundlagenausdauer durch die extensive Dauermethode möglich. Da der Proband zudem Fettstoffwechseltraining betreiben möchte, da er abnehmen will, haben wir auf Methoden gesetzt, die sowohl den Fettstoffwechsel anregen, als auch den Probanden gegenüber langen, intensiven Belastungen leistungsfähiger macht. Damit das Trainingspensum im vollen Maße erfüllt werden kann, legen wir Wert auf eine Regenerationseinheit (REKOM), welche von Dauer und Intensität als erholsam empfunden werden sollen. Diese wird besonders in Woche 5 und 6 als folgende Trainingseinheit nach der intensiven Belastung angewandt. Hierbei ist auch das Modell der Superkompensation wichtig, da ohne eine gewisse Regenerationszeit keine Anpassungen möglich sind. Außerdem wird jeweils mindestens ein Tag zwischen den Einheiten als Pause mit eingerechnet (Höltke, V., 2003, S. 10), damit es zu keinem Übertraining kommt. Die Belastungsprogression ist innerhalb von 2 Wochen meist gleich oder ähnlich bleiben, wird dann pro weiterer Trainingswoche angepasst bzw. gesteigert. Hierbei spricht man vom Prinzip der progressiven Belastung. Dieses besagt, dass es nötig ist bei zunehmender Leistungsfähigkeit die Belastung stetig zu erhöhen. Da der Proband seine Leistungssteigerung bezogen auf das Fußballspielen erhalten möchte, absolviert er ein Teil seiner Trainingseinheiten auf dem Laufband. Da er am Ende des sechswöchigen Trainings eine Leistungssteigerung messbar sehen möchte, trainiert er weiterhin auch auf dem Fahrrad. Hierbei ist es besonders einfach dein Puls zu kontrollieren, die Bewegung richtig auszuführen und ein vergleichbares und reproduzierbares Endergebnis im Vergleich zur Leistungsdiagnostik zu erhalten.

4 Literaturrecherche

	Studie 1: Kardiovaskuläre Effekte eines aeroben versus eines isometrischen Trainings bei arterieller Hypertonie	Studie 2: Effekte eines 12-wöchigen Ausdauertrainings auf die körperliche Leistungsfähigkeit und den psychischen Zustand von Patienten mit isolierter systolischer Hypertonie
Wer hat die Studie durchgeführt?	Stergios Vlastas	Romy Meißner
In welchem Jahr wurde die Studie publiziert?	2015	2011
Mit welchen Versuchspersonen wurde die Studie durchgeführt?	- 70 Patienten mit einem Blutdruck von > 140 / 90 mmHg - Keine medikamentöse Behandlung - Nicht regelmäßig körperlich aktiv	- 51 Patienten der Hochschulambulanz der Charité Berlin - isolierten Hypertonie (systolisch > 140 mmHg, systolisch < 90 mmHg) - < 60 Jahre - Zuvor 3 Monate lang keine sportliche Aktivität - Sonst ein gesundes Herz - 6 Wochen konstante medikamentöse Behandlung
Wie sah der Versuchsaufbau der Studie aus?	- Aufteilung in 3 Gruppen - Gruppe 1: 25 Personen machen isometrisches Training mit 30% der maximalen Kraft - Gruppe 2 (Kontrollgruppe): 23 Personen machen isometrisches Training mit 5% der Maximalkraft - Gruppe 3: 22 Personen machen 30-45 Minuten aerobes Ausdauertraining - Alle trainieren 12 Wochen lag 5x pro Woche - Eingangsmessung (Elastizitätsindex der Arterien, totaler peripherer Widerstand, Herzzeitvolumen) - Gruppe 1 trainiert mit 4x 2 Faustschlusskontraktionen - Gruppe 2 trainiert an baugleichem Gerät jedoch mit trainingsunwirksamem Reiz - Gruppe 3: 30-45-minütiges	- Eingangsuntersuchung bei allen Teilnehmern - Ruhe- und Belastungs-EKG, Laufband- Spiroergometrie, 24h- Langzeitblutdruckmessung und Echokardiografie des Herzens - Zufällige Aufteilung der Personen in Kontrollgruppe (16 Frauen, 11 Männer) und Versuchsgruppe (11 Frauen, 13 Männer) - 12-wöchiges Training, aufgebaut als Intervalltraining mit 3 TE / Woche, Belastung nahm stufenweise zu - <u>Einheit 1-5:</u> 5x3 Minuten Intervall - <u>Einheit 6-10:</u> 4 x 5 Minuten Intervall - <u>Einheit 11 – 15</u>: 3 x 8 Minuten Intervall

	aerobes Ausdauertraining - Eingangsuntersuchung wird nach 12 Wochen wiederholt	- Einheit 16 – 20: 3 x 10 Minuten Intervall - Einheit 21 – 25: 2 x 15 Minuten Intervall - Einheit 26 - 30: 30- 40 Minuten durchgehende Belastung
		- Pausen zwischen den Einheiten lagen bei 3 Minuten und wurde aktiv gestaltet
		- Trainingsintensität wurde mit Hilfe der Herzfrequenz und der Borg- Skala gesteuert
		- Nach jeder 5. Einheit folgte ein Laktattest mit dem Zielwert 2mmol/l
		- Reproduktion des Eingangstest
Welche relevanten Ergebnisse und Schlussfolgerungen lieferte die Studie?	- Nicht alle gewünschten Stoffwechselergebnisse wurden erreicht - Kraftzuwachs und Hypertrophie bei Gruppe 1 - Leicht erhöhte HDL-Werte - BMI und Blutdruck unverändert - Keine morphologischen Anpassungen - Blutdruck kann nur bei andauerndem Ausdauertraining verbessert werden	- Arterielle Blutdruck sank um 3,5 mmHg bei Versuchsgruppe - Anstieg der Muskelkraft - Verbesserung aller weiteren Parameter - Verminderung späterer kardiovaskulärer Erkrankungen

5 Literaturverzeichnis

DGE. (1992). *Ernährungsbericht*. In Uni Hohenheim- Interaktives. Zugriff am 29.06.2018. Verfügbar unter https://www.uni-hohenheim.de//wwwwin140/info/interaktives/bmi.htm

WHO. *Klassifikation des Blutdrucks*. In MTC Pieter Keulen. Zugriff am 14.05.2017. Verfügbar unter http://www.mtc.ch/blog/2015/04/bluthochdruck-medikamente-und-krafttraining/

Mein-pulsschlag.de. *Zu hoher Ruhepuls- so senken Sie ihn*. Zugriff am 01.01.2018. Verfügbar unter https://mein-pulsschlag.de/Artikel/Traingsplaene/Zu-hoher-Ruhepuls-So-senken-Sie-ihn/72

Höltke, V. (2003), *Grundlagen und Prinzipen des sportlichen Trainings*. Abteilung Sportmedizin am Krankenhaus für Sportverletze Lüdenscheid- Hellersen. Zugriff am 25.06.2018. Verfügbar unter: http://www.sportmedizin-hellersen.de/dfs/Buch_Trainingslehre_11_2003.pdf

Romy Meißner. (2011), *Effekte eines 12-wöchigen Trainings auf die körperliche Leistungsfähigkeit und den psychischen Zustand von Patienten mit isolierter systolischer Hypertrophie*. Zugriff am 01.07.2018. Verfügbar unter: https://refubium.fu-berlin.de/handle/fub188/9288?show=full

Stergios,V, (2015), *Kardiovaskuläre Effekte eines aeroben versus eines isometrischen Trainings bei arterieller Hypertonie*, Universitätsmedizin Berlin. Zugriff am 01.01.2018. Verfügbar unter: https://refubium.fu-berlin.de/handle/fub188/1246

6 Abbildungs- und Tabellenverzeichnis

6.1 Abbildungsverzeichnis

Abb. 1: Klassifikation des Blutdrucks nach WHO 4
Abb. 2: Klassifikation des Ruhepuls nach mein-pulsschlag.de 4
Abb. 3: BMI-Klassifikation für Normalgewicht (DGE, Ernährungsbericht, 1992) 5

6.2 Tabellenverzeichnis

Tab. 1: Allgemeine und biometrische Daten des Probanden (eigene Darstellung) 3
Tab. 2: Testaufbau nach Hollmann & Venrath (modifiziert nach IPN, 2004) 5
Tab. 3: Normtabelle für submaximale Radergometertests – relative Watt-Soll-Leistung (Watt/kg) bei Männern (modifiziert nach IPN, 2004) 6
Tab. 4: Belastungsaufbau des Probanden (eigene Darstellung) 7
Tab. 5: Zielsetzung des Probanden hinsichtlich Ausmaß und Zeit (eigene Darstellung) 8
Tab. 6: Mesozyklusplanung für den Probanden (eigene Darstellung) 9
Tab. 7: detaillierte Mesozyklusplanung für den Probanden (eigene Darstellung) 9

BEI GRIN MACHT SICH IHR WISSEN BEZAHLT

- Wir veröffentlichen Ihre Hausarbeit, Bachelor- und Masterarbeit

- Ihr eigenes eBook und Buch - weltweit in allen wichtigen Shops

- Verdienen Sie an jedem Verkauf

Jetzt bei www.GRIN.com hochladen und kostenlos publizieren